Lars Okkenga

Gewalt in Computerspielen - Auswirkungen von Computerspielen auf die Rezipienten

GRIN Verlag

Bibliografische Information der Deutschen Nationalbibliothek:

Die Deutsche Bibliothek verzeichnet diese Publikation in der Deutschen National-
bibliografie; detaillierte bibliografische Daten sind im Internet über http://dnb.d-
nb.de/ abrufbar.

Impressum:

Copyright © 2004 GRIN Verlag GmbH
Druck und Bindung: Books on Demand GmbH, Norderstedt Germany
ISBN: 978-3-640-86089-0

Dieses Buch bei GRIN:

http://www.grin.com/de/e-book/108736/gewalt-in-computerspielen-auswirkungen-
von-computerspielen-auf-die-rezipienten

GRIN - Your knowledge has value

Der GRIN Verlag publiziert seit 1998 wissenschaftliche Arbeiten von Studenten, Hochschullehrern und anderen Akademikern als eBook und gedrucktes Buch. Die Verlagswebsite www.grin.com ist die ideale Plattform zur Veröffentlichung von Hausarbeiten, Abschlussarbeiten, wissenschaftlichen Aufsätzen, Dissertationen und Fachbüchern.

Besuchen Sie uns im Internet:

http://www.grin.com/

http://www.facebook.com/grincom

http://www.twitter.com/grin_com

Hausarbeit 2004

Lars Okkenga

Gewalt in Computerspielen

Auswirkungen von Computerspielen auf die Rezipienten

Seminar „ Digitale Medien und der Mensch"

Wintersemester 2003/2004

18.04.04

Inhaltsverzeichnis

Einleitung

In unserer Gesellschaft hat der Computer einen festen Platz eingenommen, an nahezu jedem Arbeitsplatz und ebenso in den Wohnungen. Die klassischen Medien „loben" die Vorzüge der technischen Entwicklung. So scheinen unsere Schulen, durch eine Internetanbindung und gewisse „Computerkompetenz" von Seiten der Lehrer, ungeahnte Möglichkeiten der Wissenserweiterung zu bekommen. Die Forderung nach einem „lebenslangen" Lernen soll durch den Computer ihre praktische Rahmung bekommen. Denn nur dadurch ist es eben möglich, nach unseren Politikern, diese Forderung zu erfüllen. Inwieweit es sich um allenfalls optimistische „Blasen" handelt und wie überhaupt eine praktische Umsetzung aussehen soll, bleibt die Frage einer anderen Arbeit. Unbestritten ist aber die Tatsache, dass durch die Verbreitung von Computern auch andere Verwendungsmöglichkeiten verstärkt genutzt werden, das Spielen.

Und hier ist es dann auch vorbei mit den optimistischen Einschätzungen. Den Eltern wird versucht zu Suggerieren, dass ihre spielenden Kinder schnell Vereinsamen, gewalttätig werden, in die „virtuelle" Welt abdriften und sie ihre Kinder bald nicht mehr wieder-erkennen. Dabei scheint eine unausgesprochene Regel zu gelten. Bücher sind als positiv anzusehen, sie fördern die Fantasie, Fernsehen und Filme sind nicht so gut wie Bücher, aber man kann immerhin noch Informationen bekommen, sich bilden. Computerspiele sind einfach nur langweilig, machen aggressiv, lassen die Rezipienten teilnahmslos werden und wenn die Eltern nicht aufpassen, laufen ihre Kinder bald Amok. Manche Autoren und Forscher sehen durch den Konsum von Spielen eine Generation „verblödeter" Menschen heranwachsen und fordern ein Verbot. Immerhin etwas, dass Computerspiele mit Film und Fernsehen teilen. Um nur einige Vermutungen zu nennen. In dieser Arbeit geht es primär um die Fragen: Kommt es zu einer Verwischung von „virtueller" Welt und „Realität? Besteht die Gefahr einer Übertragung von Gewalt? Und verlieren die Rezipienten durch Computerspiele ihre empathischen Fähigkeiten?

Ausgehend von den Fragen besteht das erste Kapitel aus einer Darstellung der bekanntesten klassischen Medientheorien, welche oftmals auf Computerspiele übertragen werden. Mit dem Ergebnis, dies sei vorweggenommen, dass sie oftmals schon bei klassischen Medien nicht anwendbar sind und somit auch nicht auf Computerspiele angewendet werden können. Im Hauptteil wird versucht, die genannten Fragen zu beantworten.

1. Theoretische Erklärungsansätze zur Wirkungsweise von Computerspielen auf die Rezipienten

1.1. Stimulus- Response- Ansatz

Beim Stimulus- Response- Ansatz wird von einer direkten Wirkung von Stimuli auf den Rezipienten ausgegangen. Es handelt sich hierbei um einen monokausalen Wirkungszusammenhang. Sobald der Rezipient sich mit, in unserem Fall, einem Computerspiel beschäftigt entsteht eine einseitige Wirkung durch das Spiel auf den Rezipienten, in Form einer Änderung von „ Verhaltensweisen, Einstellungen, Meinungen und Kenntnissen"[1]. Philiströser bezeichnet die Theorie, dass die Stimuli direkt auf den Rezipienten übertragen werden um eine Reaktion zu bewirken, auch als Transitivität bezeichnet. Die Reaktion des Rezipienten wiederum verhält sich proportional zu den Stimuli, daher je stärker der Stimuli, desto stärker die Reaktion (Proportionalität). Zwischen der Transitivität und Proportionalität wird eine Kausalität angenommen, wodurch der Rezipient nichts weiter darstellt als ein leeres Blatt, welches den Einwirkungen des von ihm benutzten Mediums hilflos gegenübersteht. Für eine Untersuchung über Gewalt in Computerspielen und deren Auswirkungen auf die Nutzer würde es nach dem Stimulus- Response-Ansatz vollkommen ausreichen einen Stimulus z. B. die Mengen an Blut in einem Computerspiel zu untersuchen, um auf die Wirkung auf den Rezipienten schließen zu können. (Wobei die Frage bleibt, wie der einzelne Forscher den Blutgehalt bewertet) Dadurch ist eine genauere Beschäftigung mit den Konsumenten überflüssig, da sie austauschbar sind.

Der Stimulus- Response- Ansatz wurde 1972 von Lasswell erdacht, um damit die Wirkungen der Propaganda zu untersuchen und gilt, soweit ich weiß, heute als überholt. Es erübrigt sich fast zu sagen, dass der Ansatz zu einseitig und vereinfachend ist, sowie verschiedene Einflüsse des Rezipienten vollkommen ignoriert (soziales Umfeld, eigene Interpretations- und Selektionsprozesse….). Unhaltbar ist die Darstellung des Rezipienten als ein „ isoliertes, willenloses Opfer der Medien"[2].

---

[1] Ladas, Manuel, Brutale Spiele(r)?: Wirkungen und Nutzung von Gewalt in Computerspielen. Frankfurt am Main 2002, S. 63
[2] Ladas, Manuel, Brutale Spiele(r)?. Frankfurt am Main 2002, S. 63

Dessen ungeachtet scheinen einige Autoren, die sich dem Phänomen Computerspiele widmen, auch im Jahr 2002 auf den Stimulus- Response- Ansatz zurückzugreifen, wenn auch nicht direkt davon gesprochen wird. So kann man bei Rainer Fromm folgende Sätze nachlesen:

„So können PC-Spiele mit kriegerischem oder brutalem Inhalt dazu beitragen, eine erhöhte Waffenakzeptanz und einen ausgeprägteren Militarismus in der Gesellschaft zu etablieren. […] Gerade im Zeitalter der allgegenwärtigen Berieselung durch Werbung lassen sich Interessenlagen recht gut beeinflussen"[3].

Einschränkend bleibt noch zu sagen, dass Rainer Fromm die Wirkung der Stimuli (kriegerischer, brutaler Inhalt und Werbung) auf den Rezipienten in nicht so direkter Form annimmt, wie es im Sinne des Ansatzes möglich wäre, er verwirft diesen allerdings auch nicht von vorneherein, wie die meistens Autoren und Forscher. Er bleibt quasi als eine Art Grundgerüst bestehen, von dem aus eine weitere Untersuchung ermöglicht wird.

Als Abkehrung vom Stimulus- Response- Ansatz kann der Uses- and- Gratifications- Ansatz gelten, welcher 1974 von Blumler und Katz entwickelt wurde.

1.2. Uses- and- Gratifications- Ansatz

Im Gegensatz zum Stimulus- Response- Ansatz handelt es sich beim Uses- and- Gratifications- Ansatz um ein handlungstheoretisches Modell über Wirkungszusammenhänge zwischen Medien und deren Rezipienten, das den aktiven Mediennutzer in den Vordergrund stellt. Infolgedessen geht es nicht darum monokausale Wirkungszusammenhänge zu untersuchen bzw. herzustellen.

Durch die Fokussierung auf einen aktiven Mediennutzer lautet die zentrale These dann auch, dass der Rezipient verschiedene individuelle Bedürfnisse hat und nach diesen Bedürfnissen seine Medien auswählt. Die Auswahl erfolgt nach Kriterien, welche am besten geeignet sind die Bedürfnisse des Rezipienten zu befriedigen. Folglich ist der Konsument demnach auch kein „ isolierte, willenloses Opfer der Medien", da er gezielt und dadurch aktiv nach seinen Bedürfnissen auswählt. Durch die aktive Auswahl der Medien besteht von Seiten des

---

[3] Fromm, Rainer, Digital spielen – real morden? Shooter, Clans und Fragger: Computerspiele in der Jugendszene. Marburg 2002, S. 65

Rezipienten eine Erwartungshaltung an das Medium, da sonst seine Bedürfnisse nicht befriedigt werden können. Diese werden unter dem Begriff Gratifikation zusammengefasst. Aus bisherigen Untersuchungen haben sich folgende Gratifikationsmerkmale herauskristallisiert:

Information, Unterhaltung, Eskapismus (Flucht aus dem Alltag), Identifikation, Ratschläge, Interaktionseffekte, Lust, Beziehung und Orientierung. Für eine genauere Klärung der verschiedenen Merkmale siehe Ladas, Brutale Spiele(r). Die Gratifikationen sind allerdings nicht als starr anzusehen, sondern ändern sich mit jedem neuen Medium.

Bezieht man die vorangegangenen Aussagen über Wirkungszusammenhänge zwischen Medien und deren Rezipienten auf Computerspiele zeigt sich schnell, dass der Nutzer von Spielen ganz im Sinne des Ansatzes aktiv, daher steuernd, in das Gesehen auf den Monitor eingreift und zugleich bzw. vor dem eigentlichem Spielen aus einer ganzen Reihe von Computerspielen auswählen kann, um seine jeweiligen Bedürfnisse zu befriedigen. Gemeint ist damit, dass verschiedene Genre unterschiedliche Ansprüche und gleichzeitig unterschiedliche Angebote an den Benutzer stellen. Vom einsamen Helden, der seine „Weg" gehen muss oder aber eine (meistens) 4 köpfige Gruppe, die ihr Abenteuer bestehen muss, bis hin zu einem ganzen Volk, dass vom Spieler gemanagt werden will, um nur einige zu nennen.

Eine Auflistung und Kategorisierung einzelner Genre von Spielen findet man z. B. bei Manuel Ladas (Brutale Spiele(r)?, S. 47- 58) oder aber für einen schnellen Einblick in verschiede Richtungen von Spielen bei diversen Spielemagazinen etwa GameStar oder PC Games, welche ihre Tests unter jeweilige Spielekategorien zusammenfassen (Action, Strategie, Sport, Adventure und Rollenspiele), wobei Rollenspiele und Adventures meisten zusammengefasst werden. Die Kategorien sind bei beiden Zeitschriften identisch.

Befragt man einzelne Rezipienten nach der Motivation zum Computerspielen ergibt sich bei den meisten Untersuchungen ein übereinstimmendes Bild. Die am häufigsten genannte Gründe sind Langeweile gefolgt von Eskapismus, Abschalten, Eintauchen in die Spielwelt und den Alltag hinter sich lassen.

Bei Computerspielen ergibt sich allerdings eine Besonderheit gegenüber dem klassischen Medium Fernsehen. Beim Fernsehen lassen sich oft quasi- soziale Interaktionen feststellen.

Zum Beispiel können die Charaktere vom „Gute Zeiten- Schlecht Zeiten" für den Rezipienten gute Bekannte werden, ohne das diese tatsächlich mit den Mediennutzer interagieren können. (Allerdings sollte mit so einer Annahme vorsichtig umgegangen werden, da dieses leicht als eine Machtfunktion des Fernsehens im Sinne einer Kontrolle über den Rezipienten verstanden werden kann. Es ging mir hierbei aber nur um eine Veranschaulichung zum nun folgenden.) Die einseitige Interaktion beim Fernsehen weicht beim Computerspielen einer, wenn auch recht simplen, zweiseitigen sozialen Interaktion des Spielers (der seine Spielfigur(en) steuert) mit anderen die Spielwelt bevölkernden Charakteren (sowohl vom Computer gesteuert, als auch von Menschen). Allerdings fehlt beim Computerspielen im Gegensatz zum Fernsehen die emotionale Komponente, welche bei der quasi- sozialen Interaktion vorhanden ist. Computerspiele sind einfach nicht in der Lage die Komplexität von Filmen, geschweige den Schauspielern wiederzugeben. Das gesamte Spektrum an menschlichen Gefühlen wirkt auf dem Computer, um es klar auszudrücken, einfach nur lächerlich, zumal die meisten Hintergrundgeschichten bei Spielen sehr simpel gestrickt sind. Dadurch wird eine Identifikation mit der Spielfigur um einiges schwerer gemacht (auch bei starken Interesse für ein Spiel), als bei unserem Beispiel mit „ Gute Zeiten- Schlechte Zeiten".

Zusammenfassend kann man sagen, dass der Uses- and Gratifications- Ansatz einige Überschneidungen mit dem Phänomen Computerspiel aufweist. So werden Gründe (siehe oben) für die Beschäftigung mit Computerspielen genannt, die ganz in Sinne des Ansatzes sind. Weiterhin besteht bei dem Ansatz ein Austauschprozess zwischen Nutzer und Medien, welches gleichfalls für Computerspiele gelten kann, so dass der Uses- and- Gratifications- Ansatz geeignet scheint für die Untersuchung von Computerspielen. Das der Uses- and-Gratifications- Ansatz zur Beschreibung von Computerspielen nicht geeignet ist liegt daran, dass er viele Elemente nicht mit berücksichtigt. Die Kritik bezieht sich zwar auf klassische Medien, lässt sich aber auch auf Computerspiele übertragen.

„ Die Wirklichkeitskonstruktion durch Medien und Mediennutzer, deren Interpretations- und Reflexionsprozesse bei der Mediennutzung, also letztlich die Sinn- und Bedeutungszuweisung zur Handlung des Medien- Nutzens, werden nicht berücksichtigt"[4]. Nicht erschlossen werden weiterhin alle Vorrausetzungen des Rezipienten, die aus dem Rahmen einer funktionalistischen Kosten- Nutzen- Rechnung fallen. Wie etwa der gesamte soziale,

---

[4] Ladas, Manuel, Brutale Spiele(r)?. Frankfurt am Main 2002, S. 69

gesellschaftliche Kontext bei Nutzung des Mediums oder die lebensweltliche Situation des Rezipienten.

Insgesamt lässt sich sagen, dass auch der Uses- and- Gratifications- Ansatz das Verhältnis zwischen Medien und Nutzer zu isoliert betrachtet.

Im Folgenden werden Thesen behandelt, welche sich direkt mit Auswirkungen „virtueller" Gewalt beschäftigen.

1.3. Verbreitete Thesen zur Wirkung von „virtueller" Gewalt

Wird in der Öffentlichkeit über Gewalt (hier gemeint mit der Darstellung von „sterbenden bzw. durch den Spieler sterbenden Computercharakteren, zumeist begleitet mit Blutspritzen, Schreien und in Ausnahmefällen abschießbaren Gliedmaßen) in Computerspielen diskutiert, kristallisieren sich zumeist 3 Thesen heraus, die, augenscheinlich empirisch gestützt, zitiert werden. Die einzelnen Thesen sind, 1. Habitualisierung, 2. Stimulation und 3. Suggestion und wurden von mir auf Computerspiele bezogen.

1. Durch den Konsum von Spielen verliert der Rezipient seine empathischen Empfindungen. (Gerade den Verlust von Empathie bezeichnen vielen Untersuchungen als unbestrittene Tatsache, daher werde ich in 2.4 gesondert darauf eingehen)

2. Computerspiele fördern direkt die Aggressionsbereitschaft des Rezipienten, wenn auch die Wirkung als kurzfristig angenommen wird (siehe Stimulus- Response- Ansatz).

3. Hierbei imitiert der Spieler exakt die Verhaltensweise des Spiels. Gerade bei der öffentlichen Diskussion über Erfurt immer wieder gerne angeführt.

Natürlich gib es noch weitere Thesen über die Auswirkung von „virtueller" Gewalt, doch möchte ich es bei der Auswahl belassen, da diese 3 Thesen meiner Meinung nach am Häufigsten zitiert werden und keine davon bisher eindeutig verifiziert werden konnte, eindeutig widerlegt allerdings auch nicht. Dennoch bleibt bei der Betrachtung der Thesen die Frage offen, „ auf welcher Seite der jeweilige Theoretiker zu suchen ist. Entweder er macht von den Medien keinerlei Gebrauch, dann weiß er nicht, wovon er spricht; oder aber er setzt sich ihnen aus, dann stellt sich die Frage, durch welches Wunder er ihrer Wirkung entgangen ist; denn im Gegensatz zu allen andern ist er moralisch völlig intakt geblieben, kann souverän zwischen Blendwerk und Realität unterscheiden und erfreut sich völliger Immunität"[5].

Wenn auch sehr polemisch formuliert und auf klassische Medien angewandt, zeigt das Zitat doch eine Schwäche von Theoretikern/ Forschern auf, die sich mit neuen Medien konfrontiert sehen. Gerade bei Computerspielen verfestigt sich bei aktiven Spielern der Eindruck, dass Forscher, welche ihr Hobby untersuchen und zu oben genannten Thesen neigen, keinerlei Erfahrung mit dem Medium haben und immer nur aus einer Außenperspektive etwas betrachten zu dem sie keinerlei Bezug haben.

Ungeachtet dessen sind alle bisher dargestellten Theorien und Thesen nicht geeignet auf Computerspiele angewendet zu werden. Warum sind sie nicht geeignet? Wie schon in der Kritik angesprochen bewegen sich alle Theorien und Thesen im Rahmen einer traditionellen Wirkungsforschung, die unterstellt, dass Rezipienten nur passive Empfänger für die Medien darstellen. Die einzige Ausnahme bildet der Uses- and- Gratifications- Ansatz, der allerdings ebenfalls zu wenig auf die Rezipienten eingeht (siehe Kritik eben da). Aus diesen Gründen wird im weiteren Verlauf dieser Arbeit versucht die Perspektive zu wechseln und den Focus mehr auf die Rezipienten zu richten. Und eben aus dieser Perspektive näher auf den Transfer von „virtueller" Gewalt in „reale" Gewalt einzugehen. Im weitesten Sinne, daher auf Computerspiele bezogen, der Forderung Sachers folgend: „ Statt dessen (gemeint sind monokausale Erklärungsmodelle) müssen wir verstärkt *Nutzungsforschung* betreiben, welche primär nach den [...] Gründen für die Mediennutzung und nach dem Nutzen der durch Medien vermittelnden Inhalte und Erfahrungen für die Jugendlichen sucht"[6].

---

[5] Enzensberger, Hans Magnus, Mittelmaß und Wahn. Frankfurt am Main 1998, S. 91
[6] Sacher, Werner, Jugendgefährdung durch Video- und Computerspiele?. 1993, S. 313

2. Transfer von „virtueller Gewalt" in „reale" Gewalt

Bevor auf die eigentliche Frage nach dem Wirkungszusammenhang zwischen „virtueller" und „reale" Gewalt näher eingegangen werden kann, soll, quasi als Einstieg in das nachfolgende Kapitel, geklärt werden was unter „realer/ virtueller" Welt gemeint ist und wie diese sich unterscheiden. In diesem Zusammenhang ist auch die Frage nach der Transferleistung zwischen beiden Welten von Bedeutung.

2.1. „Reale" Welt- „Virtuelle" Welt

Die „Wirklichkeit" ist keine objektive Tatsache, sondern wird von jedem Individuum konstruiert. Diese einfach Auffassung wird von vielen Forschern geteilt (auch von mir) und wurde auch schon in zahlreichen Büchern belegt, bei Interesse siehe: Blumer, Herbert: Der methodische Standort des symbolischen Interaktionismus oder Watzlawick, Paul/ Kreuzer, Franz: Die Unsicherheit unserer Wirklichkeit. Jedoch hat auch der Konstruktivismus seine Grenzen. Ein einfaches Beispiel soll dieses, zugegeben etwas polemisch, zeigen: Das Wissen um individuelle konstruierte Wirklichkeiten erspart mir nicht die durchaus schmerzhaften Folgen eines Zusammenstoßes mit einem Auto, egal wie die Beteiligten den Unfall individuell wahrgenommen haben.

Auf Medien bezogen hat Gerhard Roth versucht zu zeigen wie Bilder und deren Inhalte vom menschlichen Gehirn aufgenommen werden. Roth zufolge gelangen Bilder nie per sinnlicher Wahrnehmung direkt und unverfälscht ins Gehirn, sondern entstehen dort erst mit Hilfe der Fantasie des Betrachters. Gleichfalls erreichen nur solche Bilder und Inhalte den Betrachter, die sein Gehirn vorher mit Hilfe seiner erworbenen Erfahrungsmuster und Erwartungshaltungen überprüft und gespeichert hat. Folgerichtig, im Sinne des Konstruktivismus, wählt der Rezipient aus dem ihm dargebotenen Inhalten und Bildern nur diejenigen aus, die er kennt und zu ihm passen, und das unabhängig von der Motivation der Produzenten.

„Reale" Welt

Ungeachtet der Erkenntnisse des Konstruktivismus gibt es verschieden Kriterien der Wirklichkeit, damit Menschen sie als „real" empfinden. Nach Stadler und Kruse gibt es drei Kriterienklassen, nach denen das menschliche Gehirn entscheidet ob ein Wahrnehmungseindruck der „realen" Welt zuzuordnen ist oder nicht.

Syntaktische Wirklichkeitskriterien: Wenn Sinneseindrücke, etwa Helligkeit, Farbe, Kontrast, besonders stark wahrgenommen werden, führen diese Eindrücke dazu, das Objekt als „real" einzustufen. Entscheidend ist die Intensität der Eindrücke, also scharfe Konturen und Kontraste, hohe Helligkeit, strukturelle Vielfalt und Dreidimensionalität. Im Zusammenspiel mit anderen Sinnesempfindungen, Hören, Riechen, Sehen..., entsteht der Eindruck von „Realität".

Semantische Wirklichkeitskriterien: Objekten, dehnen eine Bedeutung zugeordnet werden kann erscheinen eher als „real". So erscheint z. B. ein Flugzeug leichter als ein „reales" Objekt, als ein Ufo.

Pragmatische Wirklichkeitskriterien: Wenn Objekte in Ursachen- Wirkungszusammenhänge einbezogen werden können, entstehen leichte Eindrücke sie als „real" zu empfinden. Wichtig ist dabei, dass die Objekte spürbar auf Handlungen reagieren, etwa durch ihre Struktur oder Gewicht. Weiterhin von Bedeutung ist die Interaktion zwischen Menschen, die gleiche Erfahrungen mit dem Objekt haben. Also ein Wahrnehmungsaustausch zur gegenseitigen Absicherung der Eindrücke.

„Virtuelle" Welt

Mit „virtueller" Welt ist in dieser Arbeit die Spielwelt gemeint, also die von den Programmieren geschaffene Welt, welche durch die Rezipienten beeinflusst werden kann. In ihrer Grundkonstruktion ähnelt die „virtuelle" Welt der „realen", wenn auch verschiedene Möglichkeiten innerhalb der „virtuellen" Welt bestehen, welche in der „realen" nicht möglich wären, etwa die Spielfigur in Zeitlupe zu bewegen oder die Gesetze der Physik, ohne Hilfsmittel, außer Kraft zu setzen. „ Die Konstruktionen der „realen" Welt können als verbindlich und folgenreich angesehen werden, wohingegen die Konstruktion der Spielwelt flüchtig und unverbindlich sind. [...] Hierbei kann die „reale" Welt in gewisser Weise imitiert werden, der Spielende kann sich aber auch parodierend über sie hinwegsetzen"[7]. Daneben gibt es noch zwei Hauptunterschiede zwischen „realer" und „virtueller" Welt: 1. Der Spieler kann die „virtuelle" Welt jederzeit verlassen und 2. sind Handlungen in der „virtuellen" Welt begrenzt. Nach seinem Bildschirmtod kann der Spieler seine Figur per Tastendruck wieder in die „virtuelle" Welt zurückholen.

Wie sehen nun die Transferleistung bzw. Möglichkeiten des Transfers zwischen beiden Welten aus.

2.1.1. Transfer zwischen „realer", „virtueller" Welt

In öffentlichen Debatten über Auswirkungen von Computerspielen werden immer wieder Vermutungen über Schädigungen des Rezipienten durch langfristiges Spielen geäußert. Die am häufigsten genannten Vermutungen sind: Anstiften zu Gewalttaten (im Sinne von Amokläufen) und damit zusammenhängend eine Verschmelzung zwischen „virtueller" und „realer" Wirklichkeit. Ein paar Beispiele:

„ Sicher ist aber, dass für einen realen Tötungsakt drei Dinge erforderlich sind: Waffen, das Können und der Wille. Gewalttätige Videospiele können davon dem Spieler zwei Komponenten liefern, nämlich das Können und den Willen"[8]. Das nächste Zitat stammt aus einem Interview mit Werner Glogauer, nach Rainer Fromm einer der „härtesten deutschen Kritiker"[8] der neuen Medien. Ein Blick in sein Buch „ Die neuen Medien machen uns Krank" bestätigt dies. So antwortet Glogauer auf Fromms Frage nach der besonderen Problematik bei Ego- Shootern:

„ Inhaltlich ganz sicher darin, dass immer mehr Spiele da sind, die der Realität näher kommen, also die 3D- Version oder solche Effekte, dass man bei Playstations den Joystick hat und es eine Technik gibt, da spürt der Spieler beim Abschießen einen Rückstoß, als ob er eine wirkliche Pistole in der Hand hält. [...] Also es stimmt eben nicht, dass es nur virtuelle Welt

---

[7] Ladas, Manuel, Brutale Spiele(r)?. Frankfurt am Main 2002, S. 78
[8] Fromm, Rainer, Digital spielen – real morden?. Marburg 2002, S.16, 76, 100

ist"[8]. Oder so ähnlich möchte man hinzufügen, da ziemlich deutlich wird, nach meinem Verständnis, das Werner Glogauer nie selber gespielt hat. Und der Vergleich zwischen einer realen Waffe und einem Playstation- Pad ist schon verwunderlich. Wobei Fromm mit seinem „Willen und Können" auch nicht sehr reflektiert argumentiert. Mit der Maus erlange ich also das Können mit einer Waffe umzugehen, vom Willen zu Töten mal abgesehen. Da sich jeder weitere Kommentar erübrigt verweise ich auf Enzensberger.

Derartige Auswirkungen auf den Rezipienten sind nur dann theoretisch denkbar, wenn zwischen der „virtuellen" und „realen" Wirklichkeit, genauer der Wirklichkeit des Computerspiels und der sonstigen Lebenswelt des Nutzers, ein wie auch immer gearteter Transfer stattfindet. Um einen möglichen Transfer prüfen zu können ist es hilfreich sich mit einigen „wahrnehmungs- und kognitionspsychologischen sowie neurophysiologischen Grundlagen"[9] auseinanderzusetzen.

Eine Grundvoraussetzung menschlichen Handelns, menschlicher Emotionen usw., ist das Erkennen einer Situation. Erst wenn der Mensch eine Situation erkennt, kann er adäquat reagieren. Damit eine Situation erkannt wird bildet das menschliche Gehirn nach dem Kriterium der Ähnlichkeit Schemata heraus, auf die man in der jeweiligen Situation zurückgreift. Mit Hilfe der Schemata werden die verschiedenen Reizkonfigurationen geordnet, mit deren Hilfe dann Handlungsmuster konstruiert werden, welche wiederum bei erfolgreicher Anwendung gespeichert werden. Handlungsmuster, die sich für eine bestimmte Situation als erfolgreich erwiesen haben, werden auch weiterhin verwendet. Hierbei handelt es sich um einen Transfer innerhalb einer „Realität" (in unserem Fall „reale" Welt), bezeichnet als intramondiale Transfers. Die Übertragung von Schemata von einer „Realität" in eine Andere kennzeichnen die intermondialen Transfers. Nun stellt sich die Frage ob intermondiale Transfers ohne weiters durchgeführt werden können, wie in den oben genannten Zitaten angenommen.

Ein Auto oder auch Mensch, zur Verdeutlichung bleibe ich beim Auto, in der „virtuellen" Welt wird aufgrund seiner optischen Ähnlichkeit zu einem „realen" Auto problemlos als „virtuelles" Abbild erkannt. Die Schemata für „reale" Autos spiegeln sich in der „virtuellen" Welt wieder. Allerdings gelten in der „virtuellen" Welt andere Regeln und Umgehensweisen, die keine Entsprechung in der „Realität" haben. Dadurch hat ein „virtuelles" Auto eine andere

---

[9] Ladas, Manuel, Brutale Spiele(r)?. Frankfurt am Main 2002, S. 81

Bedeutung. Und durch die unterschiedlichen Regeln und Umgehensweisen ist ein Transfer von Schemata und Handlungsanweisungen, nach Ladas, nicht ohne eine Transformation möglich. Das heißt, die bestehenden Schemata müssen für die „virtuelle" Welt angeglichen und somit transformiert werden. Das „virtuelle" Auto stellt andere z. B. motorische Anforderungen an den Nutzer. Wäre dem nicht so (wie die Zitate oben anklingen lassen) müsste ich durch meine Erfahrung mit Rennspielen problemlos ein Auto fahren können, kann ich aber nicht. „ Aufgrund der Regeln der verschiedenen Wirklichkeiten ist sich der Spieler dieser Tatsache auch deutlich bewusst"[10].

Somit dürfte nach Ladas ein intramondialer Transfer häufiger vorkommen, als ein intermondailer Transfer. Beim Computerspielen erfolgt demnach auch ein intramondialer Transfer, so dass erfolgreiche Strategien zur Bewältigung einer Spielsituation auch an anderer Stelle angewendet werden. Gestützt wird diese Annahme unter anderem von Jürgen Fritz: „ Der mit zahlreichen Adventures vertraute Spieler weiß, was es von Spielen dieser Art zu halten hat, wie er damit grundsätzlich umgehen muß, um Erfolg zu haben"[11].

Um Schemata den richtigen Wirklichkeiten zuordnen zu können benötigt der Mensch die Fähigkeit der Rahmungskompetenz.

Rahmungskompetenz bedeutet, dass der Mensch eine Situation, Reizkonfiguration den „richtigen" Wirklichkeiten zuordnen kann, um anschließend auf die jeweils angemessenen Handlungs- Schemata zurückgreifen zu können. Computerspielern wird, begründet durch die technische Entwicklung insbesondere der immer „realistischer" werdenden Grafik, einen Schwächung der Rahmungskompetenz unterstellt. Wodurch sie nicht zwischen „virtueller" Welt und „realer" Welt unterscheiden können. Gegen eine Verwischung der „Realitäten" sprechen die Interviewerfahrungen alle Forscher, einschränkend sei gesagt, bei Interviews mit mindesten 13 Jahre alten Personen. „ In allen unseren Befragungen bestand ein Großteil der Personen explizit auf einer strikten Trennung zwischen „ virtueller Welt" und „ realer Welt". Es bleibt die Frage, ob diese Trennung wirklich so gut gelingt und ob nicht (vielleicht auch unbemerkt) spezifische Elemente von der einen in die andere Welt wandern"[11]. Auch der zweite Teil des Zitats deckt sich mit anderen Forschern und es bleibt die Frage, inwiefern Aussagen von Interviewpartnern ernst genommen werden, auch unter dem Problem der sozial

---

[10] Ladas, Manuel, Brutale Spiele(r)?. Frankfurt am Main 2002, S. 83
[11] Fritz, Jürgen, Warum Computerspiele faszinieren. Weinheim; München 1995, S. 33, 241- 242

erwünschten Antworten. Antworten die der eigen Fragestellung helfen werden leider nicht immer so kritisch hinterfragt (Forscherdilemma). Ebenfalls gegen eine Verwischung der „Realitäten" spricht die Tatsache, „ dass der Nutzer sich bewusst ist, gerade ein Computerspiel (zu) spielen, hat er es doch zuvor selbst gestartet"[12].

Zusammenfassend lässt sich festhalten, dass eine Verwischung zwischen „virtueller" und „realer" Welt aufgrund der bisherigen Forschungsergebnisse nicht zu erwarten ist. Dadurch ist es auch eher unwahrscheinlich dass ein Rezipient aufgrund von Computerspielen anfängt seine Mitmenschen zu töten.

Von den angenommenen Transfers von Gewalt in die „Realität" nun zu der Frage wie Gewalt in Spielen überhaupt von den Rezipienten wahrgenommen wird.

2.2. Wie wird Gewalt in Computerspielen wahrgenommen?

Gewalt (wie unter 1.3. definiert) in Computerspielen unterscheidet sich von „realer" Gewalt dadurch, dass sie keinen außerhalb des Spiels liegenden Zweck verfolgt und keine „realen" Schäden erzeugen kann. Weiterhin ist sie praktisch immer sauber. Damit ist gemeint das „virtuelle" Gewalt keine tiefergehenden psychologischen Konflikte erzeugt. Jedoch wird „virtuelle" Gewalt in Spielen eindeutig als Gewalt wiedererkannt. Das Gewalt in Spielen als solche wiedererkannt wird liegt an den in vorigem Kapitel untersuchten Konstruktions- zusammenhängen. Demnach erkennt das menschliche Gehirn aufgrund der optischen Ähnlichkeiten die äußerliche Gewalt in Spielen, „reale" Gewalt in andern Medien, sowie Gewalt in der „Realität". Ungeachtet der Ähnlichkeiten gibt es deutliche Unterschiede in der Wahrnehmung von „realer" Gewalt und „virtueller" Gewalt.

Anhand von Studien lässt sich feststellen, dass die Wahrnehmung von Spielgewalt, im Gegensatz zu andern Medien und „realer" Gewalt, völlig moralfrei und rationalfrei erfolgt. Sie wird vielmehr als ästhetisch und affektiv empfunden. „ Die Spiele werden nicht moralisch bewertet und überdacht, sie sollen lediglich gut aussehen und Spaß machen"[13]. Weitere Bestätigungen lassen sich zum Beispiel bei Heike Esser/ Tanja Witting (Transferprozesse

---

[12] Ladas, Manuel, Brutale Spiele(r)?. Frankfurt am Main 2002, S. 92
[13] Fromme, Johannes, Pädagogische Reflexionen über Computerspielekultur der Heranwachsenden. Bonn 1997, S. 305

beim Computerspiel) oder Daniel Hoffmann/ Volker Wagner (Erwachsene beim Computerspiel) finden.

Eine moralische Bewertung von Gewalt in Computerspielen würde auch dem funktionalistischen Prinzip der Gewalt in Spielen zuwiderlaufen. In Computerspielen ist die Gewalt eingebetet in einen mechanischen- regelhaften Kontext und ein moralisches „Innehalten" während des Spiels würde ein Weiterkommen blockieren.

Ebenfalls einer moralfreien „Einstellung" beim Computerspiel entgegen kommt die Tatsache, dass die technische und stilistische Umsetzung von Gewalt bis ins groteske, comichafte überzeichnet wird. Zur Verdeutlichung einige Zitate von Rezipienten:

„ Es sieht lustig aus, wenn du sie am Nacken packst und ihnen den Kopf abreißt, und dann das Rückgrat baumeln siehst".

„ Wenn du einmal auf einen Menschen schießt, wird er wahrscheinlich sterben, aber in Doom musst du ihn etwa 12 Mal erschießen."

„ Ich habe Mortal Kombat gespielt. Weißt du, es ist brutal, aber es ist irgendwie lustig…- die Art und Weise, wie sie ihre Köpfe abhacken. Du lachst einfach, weil es so verrückt und lustig ist… du weißt, das passiert nicht wirklich"[14].

Die Wahrnehmung von Gewalt erfolgt somit völlig moralfrei, wie etwa bei der Betrachtung von Itchy & Scratchy (Die Simpsons).

Wenn, wie versucht wurde zu zeigen, die Gewalt ästhetisch, belustigend und letztendlich moralfrei empfunden wird, können sich dann überhaupt empathische Fähigkeiten „zurückbilden"?

---

[14] Alle Zitate aus: Ladas, Manuel, Brutale Spiele(r)?. Frankfurt am Main 2002, S. 148

2.3. Empathie

(Empathie gilt als ein wichtiger Faktor um aggressives Verhalten zu verhindern)

Empathie bezeichnet die Fähigkeit eines Menschen, sich auf andere Menschen einzustellen, daher sich so emotional auf ihn einzustellen zu können, dass er letztendlich die Emotionen des Anderen selbst empfindet. Um sich emotional auf einen Menschen überhaupt einstellen zu können bedarf es der Identifikation mit der anderen Person. Wie wirken sich nun Computerspiele auf die Empathie der Rezipienten aus?

„ Nahezu unbestritten ist aber die Wirkung von Gewalt- Videospielen auf die Empathie eines Menschen. […] So dokumentieren Studien bei intensivem Konsum von blutigen Filmen oder brutalen Videospielen eine steigende Teilnahmslosigkeit von Kinder und Jugendlichen im Umgang mit Leid und Not von Dritten"[15]. Wie eine Studie aussehen kann soll exemplarisch anhand der Studie von Rita Steckel (Aggression in Videospielen: Gibt es Auswirkungen auf das Verhalten von Kindern?) gezeigt werden.

Rita Steckel untersuchte 167 Kinder zwischen 7 und 14 Jahren bezüglich ihrer Persönlichkeit. Die Kinder spielten einige Tage lang entweder 20 Minuten Joshi´s Cookie ein Denkspiel oder Street Fighter 2 (Prügelspiel). Nach dem Spielen betrachteten die Kinder einen gemischten Satz aus emotional anregenden Bildern (Labormaus, misshandeltes Kind….) oder neutralen Bildern (Blumen, Landschaften, Meer…). Danach wurden verschiedene Reaktionen anhand einer Reihe von Faktoren (Mimik, Äußerungen, Anzahl und Betrachtungszeit der Bilder, physiologische Parameter) gemessen. Anschließend folgten weitere 10 Minuten lang verschiedene Tests (bei Interesse siehe eben da). Als Ergebnisse kamen heraus, dass eine Verstärkung von aggressivem Verhalten nicht belegt werden konnte, wohl aber eine Absenkung des empathischen Empfindens. Kritisch muss dazu angemerkt werden, dass die empathische „Absenkung" nur auf mediale Reize (Bilder) und nicht auf „reale" Situationen erfolgte. Weiterhin ist die Gültigkeit der Ergebnisse nur in der Laborsituation gegeben, wodurch keine Rückschlüsse auf identische Wirkungen außerhalb des Labors gezogen werden können. Ein generelles Problem bei Laborstudien und deren Interpretationen der einzelnen Forscher. Wodurch auch die im Zitat unbestrittene Erkenntnis durch verschiedene Studien, da alle nach dem selbem Schema, fraglich erscheint.

---

[15] Fromm, Rainer, Digital spielen- real morden?. Marburg 2002, S. 11

Betrachtet man Computerspiele genauer stellt sich schnell heraus, dass Empathie vollkommen unangemessen ist. Zwischen den Rezipienten und Computercharakteren findet eine rein funktionale Interaktion statt. Die Charaktere erfüllen lediglich Funktionen und sind daher nicht empathisch besetzt. Sie stellen Opfer für den Spieler da und haben keine psychologisch tiefgründige Komponente. Aufgrund der vorhandenen Reiz- Reaktion- Schemata in Spielen stellen die Charaktere Inventar dar, welches beseitigt werden muss um in Spielen weiter zu kommen. Das Fehlen von Empathie in Computerspielen kann man auch an den Äußerungen von Spielern feststellen (siehe 2.2.). Das führt auch dazu, dass keine Identifikation mit der Spielfigur erfolgt und somit empathische Empfindungen noch überflüssiger werden.

Wo Empathie gar nicht empfunden werden kann, kann es auch nicht zu einer Abstumpfung kommen. „ Vorraussetzung für eine solche Abstumpfung wäre, dass die Gewaltspiele überhaupt regelmäßig als mitleiderregend oder auch durch ein Mitfühlen mit den Akteuren als angstauslösend wahrgenommen würden. Dies ist jedoch mangels psychologisch tiefgehender Opferdarstellung in diesen Spielen und mangels einer Wahrnehmung der virtuellen Gewalt als `bedrohlich´ sehr unwahrscheinlich"[16].

3. Schlussbemerkung

Abschließend lässt sich nach dem Lesen der Arbeit festhalten: Klassische Medientheorien sind nicht geeignet sich dem Phänomen des Computerspielens zu nähern, da sie schon auf andere Medien angewandt äußerst fragwürdige Ergebnisse liefern. Auch andere Theorien über Wirkungszusammenhänge sind nicht so gut geeignet. Daher, und um sich dem Phänomen wenigstens annähern zu können, ist es notwendig den Fokus auf die Rezipienten selbst zu richten. Wenn man dieser Aufforderung folgt ergibt sich folgendes Bild: Eine Verwischung von „virtueller" Welt und „Realität" ist nicht festzustellen, eben so wenig eine Übertragung von Gewalt, und eine Abstumpfungsgefahr (Verlust von Empathie) besteht auch nicht. Somit sind die Eingangsfragen beantwortet.

Können die Ergebnisse dieser Arbeit als gesichert angesehen werden? Nein können sie nicht. Das liegt aber an der Sache selbst. Jede Untersuchung, Forschungsarbeit ist vielfältig kritisierbar, erst recht wenn es sich, wie hier, um ein relativ neues Feld handelt. Allerdings gilt

---

[16] Ladas, Manuel, Brutale Spiele(r)?. Frankfurt am Main 2002, S. 156

das auch für schon als gesichert angesehene Befunde. Der Autor ist aber geneigt sich den Ergebnissen anzuschließen. Eine Forderung ergibt sich aber aus dieser Arbeit. Geneigte Forscher sollten in Zukunft bei derartigen Untersuchungen, auch bei Anderen, mehr ihre eigenen normativen Vorstellungen hinterfragen. Da in den wenigsten Fällen auf Wandlungen in Gesellschaften eingegangen wird. Die Argumentation hangelt sich oft an Begriffen wie, demokratisches Verständnis und antidemokratisch entlang. Leider konnte dieser Aspekt in meiner Arbeit nicht berücksichtigt werden. Dennoch bleibt auch dieses eine interessante Aufgabe, welche es lohnt anzugehen.

4. Literaturverzeichnis

Blumer, Herber   Der methodische Standort des symbolischen
                                        Interaktionismus. Reinbek, 1973

Enzensberger, Hans Magnus   Mittelmaß und Wahn: Gesammelte
                                        Zerstreuungen. Frankfurt am Main
                                        Suhrkamp Taschenbuch Verlag: 1991, S. 91

Esser, Heike/ Tanja Witting   Transferprozesse beim Computerspiel: Was
                                        aus der Welt des Computerspiels übertragen
                                        übertragen wird. Bonn: Bundeszentrale für
                                        Politische Bildung, 1997

Fritz, Jürgen   Warum Computerspiele faszinieren:
                                        Empirische Annäherungen an Nutzung und
                                        Wirkung von Bildschirmspielen. Weinheim,
                                        München: Juventa Verlag, 1995

Fromme, Johannes   Pädagogische Reflexionen über die
                                        Computerspielekultur der
                                        Heranwachsenden. Bonn: Bundeszentrale
                                        für Politische Bildung, 1997, S. 305

Fromm, Rainer   Digital spielen – real morden? Shooter,
                                        Clans und Fragger: Computerspiele in der
                                        Jugendszene. Marburg: Schüren
                                        Schüren Presseverlag, 2002

Glogauer, Werner   Die neuen Medien verändern die Kindheit:
                                        Nutzung und Auswirkungen des
                                        Fernsehens, der Videospiele, Videofilme
                                        u. a. bei 6- bis 10jährigen Kindern und

	Jugendlichen. Weinheim: Deutscher Studien Verlag, 1993
Glogauer, Werner	Die neuen Medien machen uns krank. Weinheim: Deutscher Studien Verlag, 1999
Ladas. Manuel	Brutale Spiele(r)? Wirkung und Nutzung Gewalt in Computerspielen. Frankfurt am Main: Europäischer Verlag der Wissenschaften, 2002
Maresch, Rudolf	Medien der Gewalt – Gewalt der Medien: Virtuelle Welten – reale Gewalt. Hannover: Verlag Heinz Heise, 2003, S. 169- 188
Sacher, Werner	Jugendgefährdung durch Video- und Computerspiele? Diskussion der Risiken Horizont internationaler Forschungs-ergebnisse. Zeitschrift für Pädagogik 39, 1993, S. 313
Steckel, Rita	Aggression in Videospielen: Gibt es Auswirkungen auf das Verhalten von Kindern?. Münster: Waxmann, 1998
Watzlawick, Paul/ Franz Kreuzer	Die Unsicherheit unserer Wirklichkeit: Ein Gespräch über den Konstruktivismus. München: Piper Verlag GmbH, 1999